LUGARES DE LEYENDA

Rourke

ANTES Y DURANTE LAS ACTIVIDADES DE LECTURA

Antes de leer: *Construir los conocimientos previos y el vocabulario*

Los conocimientos previos pueden ayudar a los estudiantes a procesar nueva información y a basarse en lo que ya saben. Antes de leer un libro, es importante aprovechar lo que los estudiantes ya saben sobre el tema. Esto los ayudará a desarrollar su vocabulario y a aumentar su comprensión lectora.

Preguntas y actividades para reforzar los conocimientos previos:

1. Mira la portada del libro y lee el título. ¿De qué crees que tratará este libro?
2. ¿Qué sabes ya sobre este tema?
3. Recorre el libro y hojea las páginas. Mira el índice, las fotografías, los pies de foto y las palabras en negrita. ¿Te han dado estas características del texto alguna información o algún adelanto sobre lo que vas a leer en este libro?

Vocabulario: *El vocabulario es clave para la comprensión lectora*

Utilice las siguientes instrucciones para iniciar una conversación sobre cada palabra.

- Lee las palabras del vocabulario.
- ¿Qué se te viene a la mente cuando ves cada palabra?
- ¿Qué crees que significa cada palabra?

Palabras del vocabulario:

- asimilarse
- coincidencias
- colonizar
- cráteres
- ofrenda
- tradición oral

Durante la lectura: *Leer para entender y comprender*

Para lograr una comprensión profunda de un libro, se anima a los estudiantes a utilizar estrategias de lectura detallada. Durante la lectura, es importante que los estudiantes hagan una pausa y creen conexiones. Estas conexiones dan lugar a un análisis y una comprensión más profundos del libro.

 ## Lectura detallada de un texto

Durante la lectura, pida a los estudiantes que hagan una pausa para hablar de los siguientes aspectos:

- Las partes confusas.
- Las palabras desconocidas.
- Las conexiones dentro del texto, entre el texto y uno mismo y entre el texto y el mundo.
- La idea principal de cada capítulo o título.

Anime a los estudiantes a utilizar pistas contextuales para determinar el significado de las palabras desconocidas. Estas estrategias ayudarán a los estudiantes a aprender a analizar el texto con más detenimiento mientras leen.

Cuando termine de leer este libro, vaya a la penúltima página, donde encontrará las **Preguntas después de la lectura** y una **Actividad**.

Índice

Lugares legendarios

¿Alguna vez has oído hablar de una ciudad de oro perdida? ¿O de la maldición de un faraón? Algunas de las historias más fascinantes tienen sus raíces en lugares reales alrededor del mundo. ¡Descubre dónde están estos lugares y las historias que los rodean!

La tumba del rey Tutankamón, Egipto

Al rey Tutankamón se le conoce popularmente como Rey Tut. Fue rey de Egipto —o faraón— alrededor del año 1334 a.E.C. Tenía sólo nueve años. Su padre no era muy querido por la gente. Cambió la religión del reino y trasladó la capital a un nuevo lugar. Esto molestó a los habitantes de Egipto, a quienes les gustaban las cosas tal como eran.

7

La tumba del rey Tutankamón, Egipto

El rey Tut murió a los diecinueve años. Los faraones que reinaron después actuaron como si él no hubiera existido. Esto se debe probablemente a que los habitantes de Egipto no querían al padre del rey Tut.

Como no había registros de él, la tumba del rey Tut quedó en el olvido. Cuando fue redescubierta en 1922, era la tumba mejor preservada jamás encontrada. Había cuartos llenos de tesoros. Se encontraron murales, perfumes, juguetes, joyas y otros objetos intactos.

9

La tumba del rey Tutankamón, Egipto

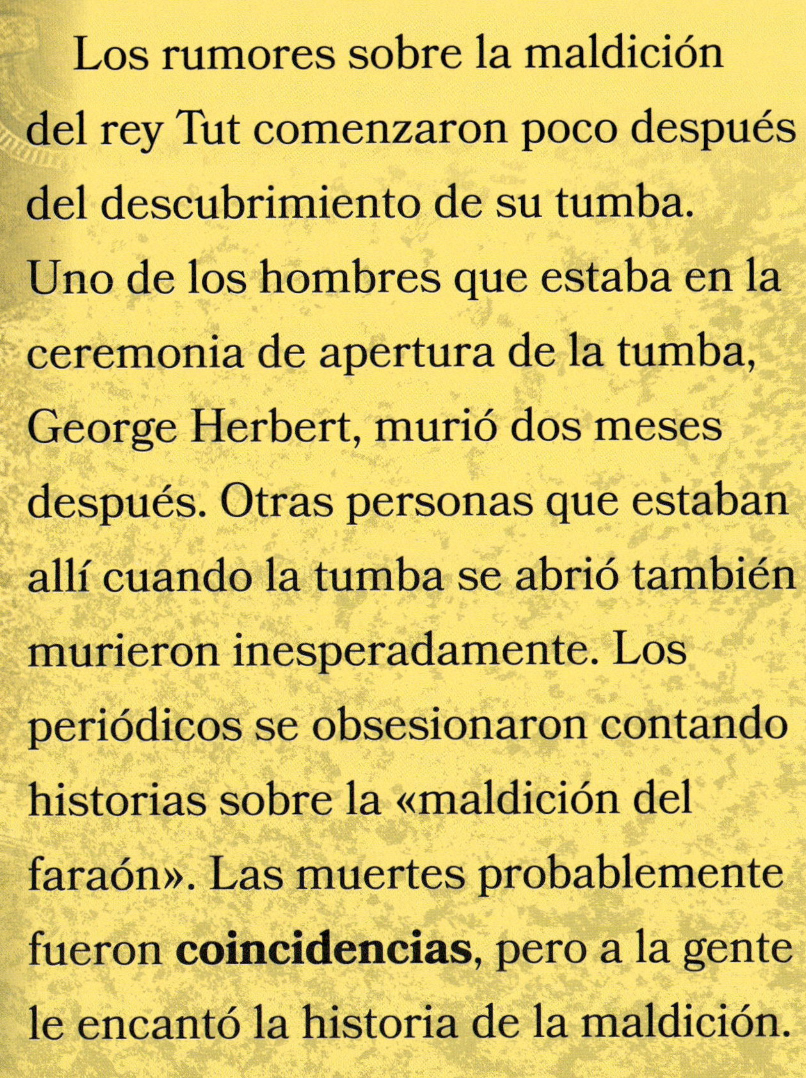

Los rumores sobre la maldición del rey Tut comenzaron poco después del descubrimiento de su tumba. Uno de los hombres que estaba en la ceremonia de apertura de la tumba, George Herbert, murió dos meses después. Otras personas que estaban allí cuando la tumba se abrió también murieron inesperadamente. Los periódicos se obsesionaron contando historias sobre la «maldición del faraón». Las muertes probablemente fueron **coincidencias**, pero a la gente le encantó la historia de la maldición.

coincidencias: Eventos sorprendentes o singulares que parecen suceder por casualidad.

El cráter de Halema'uma'u, Hawái

Pele —o Pelehonuamea— es la diosa hawaiana de los volcanes. Las leyendas hawaianas dicen que Pele llegó a Hawái luego de cruzar el océano en un bote. Le dio forma a la tierra de Hawái con su palo para excavar. Allí donde clavaba su palo, creaba **cráteres** volcánicos. Finalmente, Pele estableció su hogar en el cráter Halema'uma'u, en la cima del volcán Kilauea.

cráteres: Bocas o aberturas por las que los volcanes arrojan humo, ceniza, lava, etc.

Pele es descrita como una diosa de temperamento rabioso. Cuando los volcanes entran en erupción, es porque Pele muestra su enojo. Muchos de quienes creen en el poder de Pele también encuentran belleza en las erupciones. Las ven como si Pele estuviera creando y destruyendo. A Pele se le llama con frecuencia *Tutu Pele*, que significa abuela.

Recuerdos malditos

Los viajeros nunca deberían llevarse una roca de lava de Hawái. Se cree que todas las rocas de lava forman parte de Pele. Se dice que llevarse una roca de allí produce mala suerte.

15

El cráter de Halema'uma'u, Hawái

La gente le lleva regalos a Pele, llamados *ho'okupu*, que colocan cerca del cráter Halema'uma'u. Los *ho'okupu* tradicionales incluyen carne de cerdo, plátanos, flores del árbol *'ōhi'a-lehua* y frutos rojos de la planta *'ōhelo' ai*.

17

La laguna de Guatavita, Colombia

El mito de El Dorado fue iniciado por los exploradores europeos. Al principio era una historia sobre un hombre muy rico. Pero con el tiempo, El Dorado terminó siendo el nombre de una ciudad de oro perdida.

Este mito hizo que los españoles quisieran explorar y **colonizar** América aún más de lo que ya lo hacían. Esta colonización perjudicó a la gente que ya prosperaba allí.

colonizar: Establecer una nueva colonia en un lugar.

La laguna de Guatavita, Colombia

El pueblo muisca es parte importante del inicio de El Dorado. Los muiscas vivían en América del Sur antes de la invasión española. Los muiscas tenían una población de más de 500,000 personas.

Hoy en día se pueden encontrar estatuas de caciques muiscas en Colombia.

Tenían una economía poderosa, sus propios sistemas políticos, cultura, deportes y religión. Con el tiempo, los españoles se adueñaron de todo. Robaron tierras, abusaron de la gente y obligaron a los muiscas a **asimilarse**.

asimilarse: Integrarse a un grupo mayoritario o dominante.

Algunos exploradores españoles vieron una ceremonia muisca que se llevaba a cabo cuando se elegía a un nuevo líder. Esta ceremonia dio comienzo a la leyenda de El Dorado.

En el Museo del Oro, en Bogotá, se pueden ver objetos de oro del pueblo muisca.

El nuevo jefe muisca iba a bordo de una balsa en la laguna de Guatavita, rodeado de sacerdotes. Todos estaban cubiertos de oro. Cuando llegaron al centro de la laguna, el nuevo jefe arrojó objetos de oro al agua en señal de **ofrenda** a los dioses.

Vaciando la laguna

En 1545, los españoles intentaron vaciar la laguna de Guatavita. Encontraron cientos de objetos de oro en las orillas de la laguna. Pero no pudieron vaciarla lo suficiente como para buscar en el fondo de las aguas, donde se suponía que estaba la mayor parte del tesoro.

ofrenda: Un regalo que se da como un acto de adoración.

El bosque de Sherwood, Inglaterra

La leyenda de Robin Hood existe desde el siglo XIX. Se decía que Robin Hood era un bandido que robaba a los ricos para dar a los pobres. Los historiadores no han podido encontrar al Robin Hood original. La historia parece haberse extendido por medio de la **tradición oral** en poemas, cuentos y canciones.

Un nombre para bandoleros

Los historiadores han encontrado antecedentes penales de muchos hombres llamados Robin Hood. Se cree que fue un falso nombre común que se daba a los bandidos.

tradición oral: Historias y creencias de una comunidad que se transmiten de boca en boca.

El bosque de Sherwood, Inglaterra

Con el tiempo, el bosque de Sherwood se relacionó con Robin Hood. Las leyes del bosque eran estrictas. A la gente común no se le permitía cazar ni talar árboles.

Esto molestó a los habitantes del lugar, ya que no se les permitía utilizar los recursos del bosque. Esto hizo que el bosque fuera un sitio solitario: era el lugar perfecto para que Robin Hood se escondiera.

El bosque de Sherwood, Inglaterra

El *Major Oak* (Roble Mayor) es una atracción popular en el bosque de Sherwood. Se dice que este árbol tiene entre 800 y 1,100 años. En las historias, el *Major Oak* suele ser el hogar de Robin Hood y sus hombres. Se decía que dormían bajo sus ramas y se escondían dentro del tronco.

Juego de memoria

Mira las fotos. ¿Qué recuerdas haber leído en las páginas donde aparecía cada imagen?

Índice analítico

Preguntas después de la lectura

1. ¿Por qué a la gente no le agradaba el padre del rey Tut?

2. ¿Cuáles fueron los tres tipos de cosas que se encontraron en la tumba del rey Tut?

3. ¿Cuáles son dos de los regalos tradicionales, o *ho'okupu*, que la gente le lleva a Pele?

4. ¿Qué ceremonia muisca dio comienzo al mito de El Dorado?

5. ¿Cómo se hicieron populares las historias de Robin Hood?

Actividad

¿Qué tipo de leyendas hay en el lugar donde vives? Investiga leyendas de tu ciudad o país. Elige una, escríbela y describe también el lugar.

Sobre la autora

A Hailey Scragg le encanta visitar y conocer nuevos lugares e historias. Algún día espera conocer algunos de estos lugares legendarios. Mientras tanto, seguirá explorando su ciudad de Columbus, Ohio, con su marido y su perro.

www.rourkebooks.com

PHOTO CREDITS: Cover, page 1, 30: ©Manu1174; pages 6-7: ©Merydolla; pages 8-9, 30: ©Jaroslav Moravcik; pages 10-11: ©Nick Brundle; page 12-13, 30: © ferrantraite; page 13: ©Marlon Trottmann / Alamy Stock Photo; page 14-15:©AZ68; page 16: ©Milaski; page 16-17, 30: ©Milaski; page 18-19: ©ESB Professional; page 20: ©Mark Pitt Images; page 21: ©Mark Pitt Images; page 22: ©Mark Green; page 22-23, 30: ©Simon Pittet; page 24-25: ©BrettCharlton; page 26-27: ©Ian Bracegirdle; page 27: ©Tutti Frutti; page 28-29, 30: ©travellinglight

Edición de: Madison Capitano
Diseño de la portada de: J.J. Giddings
Diseño de los interiores de: J.J. Giddings
Traducción al español: Santiago Ochoa
Edición en español: Base Tres

Library of Congress PCN Data

Lugares de leyenda / Hailey Scragg
(Ocultos, perdidos y descubiertos)
 ISBN 978-1-73165-931-6 (hard cover)
 ISBN 978-1-73165-930-9 (soft cover)
 ISBN 978-1-73165-932-3 (e-Book)
 ISBN 978-1-73165-933-0 (e-Pub)
Library of Congress Control Number: 2024947750

Rourke Educational Media
Printed in the United States of America
01-0342511937